O Incrivel
Poder da
Bênção

Richard Brunton

O Incrível Poder da Bênção
Publicado por Richard Brunton
Nova Zelândia

© 2018 Richard Brunton

ISBN 978-0-473-49544-2 (Paperback)
ISBN 978-0-473-45727-3 (ePUB)
ISBN 978-0-473-45728-0 (Kindle)
ISBN 978-0-473-45729-7 (PDF)

Edição:
Agradecimento especial a
Joanne Wiklund e Andrew Killick
Por tornar a história mais legível!

Produção e tipografia:
Andrew Killick
Castle Publishing Services
www.castlepublishing.co.nz

Capa:
Paul Smith

Tradução em português:
Priscila Anunciação da Silva
Vitor de Andrade Martins

Citações bíblicas foram extraídas da versão
da Bíblia Almeida Revista e Corrigida.

TODOS OS DIREITOS RESERVADOS

Nenhuma parte desta publicação pode ser reproduzida,
armazenada em um sistema de recuperação,
ou transmitida em qualquer forma ou por qualquer meio,
eletrônico, mecânico, fotocópia, gravação ou outra
forma, sem a permissão escrita do editor.

SUMÁRIO

Prefácio	5
Introdução	9
Parte Um: Por Que Abençoar?	**15**
A Percepção	17
O Poder da Nossa Fala	21
Mudando de 'Falar Bem' Para Abençoar	24
O Que é a Bênção Cristã?	26
Nossa Autoridade Espiritual	29
Parte Dois: Como Fazer Isso	**37**
Alguns Princípios Importantes	39
Faça da boca limpa um estilo de vida	39
Pergunte ao Espírito Santo o que dizer	39
A bênção, distinta da intercessão	40
Não julgue	41
Um exemplo para ilustrar	42
Diferentes Situações Que Podemos Encontrar	44
Abençoando aqueles que te insultam	

ou que te amaldiçoam	44
Abençoando aqueles que te machucam ou que te rejeitam	45
Abençoando aqueles que tem te ofendido	48
Abençoar, Em vez de Amaldiçoar, A Nós Mesmos	52
Reconhecendo e quebrando maldições	52
Abençoando a boca	54
Abençoando a mente	56
Abençoando os nossos corpos	57
Abençoando o seu lar, casamento e crianças	62
A bênção do pai	70
Abençoando outros pela liberação do profético	75
Abençoando o seu local de trabalho	76
Abençoando uma comunidade	79
Abençoando a terra	81
Bendizendo ao Senhor	82
Uma palavra final de um leitor	83
Aplicações	85
Como Tornar-Se um Cristão	87

PREFÁCIO

Eu o encorajo a ler este pequeno livro com sua poderosa mensagem – você será transformado!

Um dia, enquanto Richard Brunton e eu estávamos tomando café da manhã, ele compartilhou o que Deus lhe revelou sobre o poder da bênção, e eu, imediatamente, vi o potencial de um grande impacto na vida de outros.

Eu filmei a mensagem dele para apresentá-la no acampamento dos homens da nossa igreja. Os homens presentes acharam que ela era tão boa que eles queriam que toda a igreja a ouvisse. As pessoas começaram a praticá-la em cada área de suas vidas e, como resultado, ouvimos testemunhos maravilhosos. Um empresário relatou que seu negócio passou do 'nada' para 'lucrativo' em apenas duas semanas. Outros foram fisicamente curados à medida que passaram a abençoar os seus corpos.

Outras oportunidades para esta mensagem ser ouvida começaram a surgir. Eu estava para falar no evento Reunião dos Generais (onde pastores de igreja se reúnem para aprender e terem suas forças renovadas) no Quênia e Uganda. Richard me acompanhou naquela viagem e fez uma palestra sobre bênção. A mensagem rompeu o vazio e a dor há muito tempo enterrados. A maioria das pessoas do público nunca haviam sido abençoadas por seus pais e quando Richard tomou este papel e os abençoou muitos choraram e sentiram a libertação emocional e espiritual, juntamente com uma mudança imediata em suas vidas.

Saber como abençoar tem impactado a minha vida ao ponto de eu procurar por oportunidades de abençoar aos outros em 'palavras e obras' – através do que eu digo e faço. Você irá apreciar este pequeno livro, e se você aplicá-lo a sua vida, os seus frutos abundarão e transbordarão para o Reino de Deus.

Geoff Wiklund
Ministério Geoff Wiklund,
ex-Diretor Executivo do Ministério Promise Keepers,
Auckland, Nova Zelândia

Prefácio | 7

Deus abençoou Richard com a revelação do poder da bênção quando ela é liberada sobre a vida de outros. Eu creio que esta é a revelação de Deus para o nosso tempo.

À medida que Richard vive esta mensagem, as pessoas se identificam com esta verdade imediatamente. Por esta razão, nós convidamos Richard para falar em todos os nossos eventos para homens do Promise Keepers ('Guardiões da Promessa'). O impacto foi imensamente poderoso e transformador para muitos.

A bênção foi um tópico que alcançou os corações dos homens nos eventos do Promise Keepers. Houve uma grande resposta positiva a este importante ensinamento – abençoar, bênção e o poder de 'falar bem'. Muitos dos homens nunca haviam sido abençoados ou abençoaram outros. Depois de ouvir a mensagem de Richard, e ler seu livro, eles receberam uma bênção poderosa e foram equipados para abençoar aos outros em nome do Pai, do Filho e do Espírito Santo.

Eu recomendo Richard e seu livro sobre *O Incrível Poder da Bênção* como um meio poderoso de liberar a plenitude das bênçãos de Deus nas nossas famílias, nas nossas comunidades e na nossa nação.

Paul Subritzky
Diretor Nacional do Ministério Promise Keepers
Auckland, Nova Zelândia

INTRODUÇÃO

Todos amam ouvir notícias boas – e é ainda melhor quando você é aquele que as transmite!

Quando eu descobri o valor de abençoar, foi como se eu fosse o homem da Bíblia que descobriu o tesouro no campo. Eu, entusiasticamente, compartilhei meus pensamentos e experiências com o Pastor Geoff Wiklund e ele me pediu para falar aos homens de sua igreja num acampamento em fevereiro de 2015. Eles ficaram tão impressionados que eles queriam que toda a igreja ouvisse esta mensagem.

Quando eu falei na igreja, aconteceu que o Reverendo Brian France, do Charisma Christian Ministries (Ministério Cristão Carisma), e o Paul Subritzky, do Promise Keepers Nova Zelândia, estavam lá aquele dia. Isto resultou em uma chance de compartilhar minha mensagem no Charisma na Nova Zelândia e em Fiji, e aos homens do Promise Keepers também.

Muitos tomaram posse da mensagem e, imediatamente, começaram a colocá-la em prática com excelentes resultados. Alguns comentaram que nunca haviam ouvido um ensinamento sobre este aspecto do Reino de Deus.

O ministério de abençoar parecia como uma bola de neve. (Deus não diz, 'Um presente de um homem alarga-lhe o caminho'?) Próximo ao fim de 2015, acompanhei o Pastor Geoff ao Quênia e Uganda. Ele estaria ministrando a centenas de pastores na Reunião dos Generais. Era um evento anual onde os representantes buscavam inspiração e apoio, e Geoff sentiu que o meu ensinamento sobre bênção seria de grande ajuda a eles. E foi o que aconteceu. Não apenas os pastores, mas outros preletores dos Estados Unidos, Austrália e África do Sul sentiram que esta era uma mensagem poderosa e me encorajaram a fazer alguma coisa para alcançar um público maior.

Eu não queria montar e manter um website, nem escrever uma obra profunda quando outras obras excelentes já existiam. A mensagem da bênção é muito simples – fácil de colocar em prática – e eu não queria que sua simplicidade fosse perdida na complexidade – por isso este pequeno livro foi escrito.

Eu extraí citações dos livros *The Power of Blessing* (O Poder da Bênção – tradução livre) de Kerry Kirkwood, *The Grace Outpouring: Becoming a People of Blessing* (O Derramamento da Graça: Tornando-se um Povo de Bênção – tradução livre) de Roy Godwin e Dave Roberts, *The Father's Blessing* (A Bênção do Pai – tradução livre) de Frank Hammond, e *The Miracle and Power of Blessing* (O Milagre e Poder da Bênção – tradução livre) de Maurice Berquist. Estou certo de que absorvi e aprendi de outras pessoas e outros livros, mas ao longo dos anos tudo isto se juntou.

Descobrir o poder da bênção abrirá um caminho inteiramente novo para aquele que aplicá-lo em sua vida. Eu abençoo as pessoas a maioria dos dias agora – crentes e não-crentes – em cafés, restaurantes, hotéis, salas de espera e até mesmo na rua. Eu tenho abençoado aos órfãos, as equipes dos orfanatos, uma comissária de bordo no avião, pomares, animais, carteiras, negócios e condições médicas. Eu tenho visto homens e mulheres crescidos chorando em meu ombro quando eu proclamo a bênção de pai sobre eles.

Quando eu falo com não-crentes, eu descobri que 'Posso abençoar você/seu negócio/seu casamento, etc?' é menos ameaçador que 'Posso orar por você?' Certamente, esta abordagem simples, expressada com carinho, levou um dos membros da minha família a conhecer o amor e poder salvador de Jesus Cristo, depois de anos de discussão.

Frequentemente eu não vejo o resultado, mas eu tenho visto o suficiente para saber que abençoar muda vidas. E que mudou a minha também.

É da natureza de Deus abençoar, e como criaturas feitas à sua imagem, está no nosso DNA espiritual também. O Espírito Santo está esperando o povo de Deus sair em fé e na autoridade que Jesus Cristo conquistou, para transformar vidas.

Estou certo de que este livreto será útil. Jesus não nos deixou sem poder. Abençoar em todo tipo de situação é uma graça espiritual negligenciada que tem o potencial de mudar o seu mundo.

Aproveite a leitura.
Richard Brunton

PARTE UM:

Por Que Abençoar?

A PERCEPÇÃO

Minha esposa, Nicole, é da Nova Caledônia e, é claro, isto significa que eu precisei aprender a falar francês e passar um bom tempo no lugar onde ela nasceu, Noumea. Embora a Nova Caledônia seja principalmente um país católico, não passou muito tempo para que eu percebesse que muitas pessoas ainda tinham contato com o 'lado escuro', ao mesmo tempo que praticavam a sua religião. Não era incomum que as pessoas visitassem um médium, um clarividente ou curandeiro sem entender que elas estavam, na verdade, consultando a feitiçaria.

Lembro-me de quando minha esposa me levou para visitar uma jovem mulher, com seus vinte e poucos anos, que havia sido levada a um destes 'curandeiros', mas que logo depois acabou em uma clínica para pessoas com distúrbios mentais ou deprimidas. Como eu sabia que ela era cristã, eu ordenei aos demônios que a possuíam que saíssem, em nome de Jesus Cristo. Um padre católico também orou e, entre nós, esta garota foi liberta e recebeu alta daquela instituição não muito tempo depois.

Outros professavam a sua religião católica e ainda assim exibiam abertamente estátuas e artefatos de outros deuses. Havia um certo homem que eu encontrei que tinha contínuos problemas de estômago. Um dia eu disse a ele que acreditava que se ele se livrasse do Buda grande e gordo que estava em frente de sua casa – e que era iluminado durante a noite – seus problemas de estômago cessariam. Além disso, alguns dos artefatos que ele colecionava teriam que ser descartados. Ele resistiu – como estas coisas 'mortas' poderiam fazê-lo doente? Depois de alguns meses o encontrei novamente e perguntei como estava seu estômago. Um pouco envergonhado, ele respondeu: 'Finalmente, ouvi o seu conselho e me livrei do Buda. Meu estômago está bem agora.'

Em outra ocasião, me pediram para ir a casa de uma mulher com câncer. Antes de começar a orar, eu sugeri que eles se livrassem das estátuas de Buda na sala, e foi o que seu marido fez imediatamente. À medida que eu quebrava as maldições sobre ela e ordenava aos demônios que saíssem em nome de Jesus Cristo, ela descreveu um frio intenso se movendo dos seus pés pelo corpo e saindo por sua cabeça.

Então, diante disso, decidi dar um ensinamento sobre 'maldições' a um grupo de oração que minha esposa e eu começamos no nosso apartamento em Noumea. O ensinamento era baseado na obra de Derek Prince (Derek Prince foi um renomado professor de teologia do século vinte). Enquanto eu estava preparando minha mensagem em francês, eu aprendi o significado das raízes das palavras *malédiction* e *bénédiction*, respectivamente, 'falar mal' e 'falar bem'.

Anteriormente, quando eu comparava maldição e bênção, a palavra maldição parecia escura, pesada e perigosa, e bênção parecia leve e benigna. Eu tinha ouvido ensinamentos sobre maldição antes, mas nunca sobre bênção – o que provavelmente contribuiu para minha percepção sobre o assunto. Eu também nunca havia ouvido alguém abençoar outra pessoa com intenção real e impacto. De fato, a amplitude da bênção de um cristão pode ser dizer 'Deus te abençoe' quando alguém espirra, ou escrever isto no final de uma carta ou email – como se fosse um hábito em vez de uma coisa intencional.

Mais tarde, enquanto meditava nestes palavras, 'malédiction' e bénédiction', me ocorreu que se 'falar mal' era poderoso, então 'falar bem' deveria ser igualmente poderoso e, com Deus, muito mais poderoso!

Esta revelação, juntamente com outras percepções que eu falarei mais adiante, me colocaram no caminho para descobrir o *poder* da bênção.

O PODER DA NOSSA FALA

Não querendo repetir o que muitos livros tem a dizer sobre o poder das nossas palavras, eu quero resumir o que acredito ser muito importante nesta área.

Sabemos que:

A morte e a vida estão no poder da língua; e aquele que a ama comerá do seu fruto. (Provérbios 18:21)

As palavras contêm um poder tremendo – ou positivo e construtivo, ou negativo e destrutivo. Cada vez que falamos palavras (e até mesmo usando certos tons, que adicionam significado às palavras), nós falamos ou vida ou morte para aqueles que nos escutam e a nós mesmos. Além disso, sabemos que:

Pois do que há em abundância no coração,

> *disso fala a boca. O homem bom tira boas coisas do seu bom tesouro, e o homem mau do mau tesouro tira coisas más. (Mateus 12:34-35)*

Portanto, de um coração crítico fala uma língua crítica, de um coração hipócrita fala uma língua hipócrita, de um coração ingrato fala uma língua ingrata, e assim por diante. Da mesma forma, um coração lascivo dá frutos correspondentes. O mundo está cheio de fala negativa. A mídia vomita isto dia após dia. De acordo com a natureza humana, nós temos a tendência de não falar bem sobre as pessoas ou situações. Isto parece não ser natural para nós. Frequentemente, esperamos que as pessoas morram para falar coisas boas sobre elas. Entretanto, o 'bom tesouro' jorra de corações amorosos que falarão com uma língua graciosa; de corações pacíficos, uma língua reconciliadora; e assim por diante.

A afirmação 'e aquele que a ama comerá do seu fruto' sugere que nós vamos colher o que plantamos – seja isso bom ou mau. Em outras palavras, você terá o que você fala. O que acha disso?

Esta é a verdade para todos os seres humanos, independentemente de ter uma crença cristã ou não. Cristãos e não-cristãos da mesma forma podem falar palavras de vida – por exemplo, ambos podem dizer: 'Filho, você construiu uma ótima cabana. Você pode ser um excelente construtor ou um arquiteto um dia. Muito bem.'

Contudo, um cristão nascido de novo tem um coração *novo*. A Bíblia fala que nós somos 'novas criaturas' (2 Coríntios 5:17). Portanto, como cristãos, nós deveríamos falar mais *bem* e menos *mal*. Nós podemos facilmente cair em negativismo se não formos cuidadosos para guardar nossos corações e nossas palavras. Uma vez que começamos a conscientemente pensar sobre isto, você ficará surpreso o quanto cristãos – mesmo involuntariamente – amaldiçoam a si mesmos e aos outros. Mais sobre isto adiante.

MUDANDO DE 'FALAR BEM' PARA ABENÇOAR: NOSSO CHAMADO

Como cristãos, com a vida do Senhor Jesus fluindo através de nós, podemos ir além de apenas 'falar bem' – podemos falar e proferir bênçãos sobre as pessoas ou situações – e certamente, somos todos chamados para fazer isso. Talvez, abençoar seja nosso grande chamado. Leia o seguinte:

> *Sede todos de um mesmo sentimento, compassivos, amando os irmãos, entranhavelmente misericordiosos e afáveis. Não tomando mal por mal, ou injúria por injúria; antes, pelo contrário, bendizendo: sabendo que para isto fostes chamados, para que por herança alcanceis a bênção. (1 Pedro 3:8-9)*

Somos chamados para abençoar e para receber uma bênção.

A primeira coisa que Deus falou a Adão e Eva foi uma bênção:

> *E Deus os abençoou, e Deus lhes disse: Frutificai e multiplicai-vos, e enchei a terra, e sujeitai-a... (Gênesis 1:28)*

Deus os abençoou para que pudessem dar frutos. Abençoar é um atributo de Deus – é o que ele faz! E como Deus – e de Deus – nós também temos autoridade e poder para abençoar aos outros.

Jesus abençoou. A última coisa que Ele fez, mesmo quando estava para ascender ao céu, foi abençoar aos Seus discípulos:

> *E levou-os fora, até Betânia; e, levantando as suas mãos, os abençoou. E aconteceu que, abençoando-os eles, se apartou deles e foi levado ao céu. (Lucas 24:50-51)*

Jesus é o nosso modelo. Ele disse que nós devemos fazer as mesmas coisas que Ele fez, em Seu nome. Nós fomos feitos por Deus para abençoar.

O QUE É A BÊNÇÃO CRISTÃ?

No Antigo Testamento, a palavra 'bênção' é a palavra hebraica *barak*. E significa simplesmente 'falar a intenção de Deus'.

No Novo Testamento, a palavra 'bênção' é a palavra grega *eulogia*, de onde nós temos a palavra 'elogio'. Então, na prática, isto significa 'falar bem de' ou 'falar a intenção e favor de Deus' sobre uma pessoa.

Esta é a definição de bênção que eu usarei neste livro. Bênção é declarar as intenções ou favor de Deus sobre alguém ou alguma situação.

Deus, em Sua sabedoria, decidiu limitar o Seu trabalho na terra ao que Ele pode realizar através de Seu povo. É assim que ele traz Seu reino a terra. Consequentemente, Ele quer que nós abençoemos em Seu nome. Então, como um cristão, eu posso declarar as intenções ou favor de Deus sobre alguém ou alguma situação em nome de Jesus. Se eu fizer isso com fé e amor, aí eu tenho o poder do céu sobre o que eu digo, e posso esperar que Deus irá agir para mudar as coisas de onde elas estavam para onde Ele quer que elas estejam. Quando eu abençoo alguém intencionalmente, com amor e fé, eu possibilito que Deus ative os Seus planos para aquela pessoa.

De outro lado, alguém pode propositadamente, ou, na maioria das vezes, inadvertidamente, declarar as intenções de Satanás sobre alguém, ou mesmo sobre si próprio, o que então, possibilita que as forças demoníacas ativem os seus planos para aquela pessoa – que é roubar, matar e destruir. Mas, louve a Deus,

> *Porque maior é o que está em vós do que o que está no mundo. (1 João 4:4)*

Está no coração de Deus abençoar – certamente é a Sua natureza! O desejo de Deus de abençoar é incrivelmente extravagante. Nada pode pará-lo. Ele está determinado a abençoar a humanidade. Seu anseio é que Jesus tenha muitos irmãos e irmãs. Que somos nós! Todavia, ao mesmo tempo que está no coração de Deus abençoar a humanidade, Ele deseja ainda mais que Seu povo abençoe um ao outro.

Quando abençoamos um ao outro em nome de Jesus, o Espírito Santo vem, porque estamos refletindo algo que o Pai está fazendo – estamos falando as palavras que o Pai deseja que sejam faladas. Eu fico constantemente maravilhado com o quão verdadeiro isto é. Quando abençoo a alguém, o Espírito Santo é envolvido – Ele toca a outra pessoa, o amor é liberado e as coisas mudam. Frequentemente, as pessoas me abraçam depois, ou elas choram e dizem: 'Você não sabe o quão oportuno e poderoso foi isso', ou ' Você não sabe o quanto eu precisava disso'.

Mas há algo muito importante a notar: nós abençoamos de um lugar de intimidade com Deus, de Sua presença. Nossa proximidade espiritual com Deus é muito importante. Nossas palavras são Suas palavras e elas são ungidas com Seu poder para realizar as Suas intenções para aquela pessoa ou situação. Mas vamos voltar um pouco…

NOSSA AUTORIDADE ESPIRITUAL

No Antigo Testamento, os sacerdotes deveriam interceder pelas pessoas e proferir bênçãos sobre elas.

Assim abençoareis os filhos de Israel, dizendo-lhes:

O Senhor te abençoe e te guarde:
O Senhor faça resplandecer o seu rosto sobre ti,
E tenha misericordia de ti.
O Senhor sobre ti levante o seu rosto,
E te dê a paz.

Assim porão o meu nome sobre os filhos de Israel, e eu os abençoarei. (Números 6:23-27)

No Novo Testamento, nós, como cristãos, somos chamados:

> *Mas vós sois a geração eleita, o sacerdócio real, a nação santa, o povo adquirido, para que anuncieis as virtudes daquele que vos chamou das trevas para sua maravilhosa luz. (1 Pedro 2:9)*

E Jesus

> *E nos fez reis e sacerdotes para Deus e seu Pai... (Apocalipse 1:6)*

Algum tempo atrás, estava sentado no Ouen Toro, um mirante em Noumea, procurando por uma mensagem para falar no grupo de oração. Eu senti Deus dizer: 'Você não sabe quem você é'. Alguns meses depois: 'Se você soubesse a autoridade que você tem em Cristo Jesus você mudaria o mundo'. Ambas as mensagens foram para grupos particulares de pessoas, mas, eu percebi mais tarde, que elas eram para mim também.

Eu penso que é amplamente conhecido nos círculos cristãos que falar diretamente a uma doença ou condição (uma 'montanha' – Marcos 11:23) e ordenar a cura é mais efetivo que pedir a Deus para fazê-lo

(Mateus 10:8; Marcos 16:17-18). Certamente, esta tem sido a minha experiência e a experiência de muitas outras pessoas renomadas e respeitadas, ativas e bem-sucedidas nos ministérios de cura e libertação. Eu creio que Jesus diz na verdade: 'Você cura o doente (em meu nome). Não é o Meu trabalho, é o seu trabalho. Faça isso você.'

Deus quer curar e Ele quer curar através de nós. Deus quer libertar e Ele quer libertar através de nós. Deus quer abençoar e Ele quer abençoar através de nós. Nós podemos pedir a Deus para abençoar, ou nós podemos abençoar em nome de Jesus.

Alguns anos atrás, eu lembro de ir mais cedo para o trabalho para abençoar o meu negócio. Eu começava com 'Deus, abençoe Colmar Brunton'. Parecia monótono. Então eu mudei – timidamente no começo – de 'Deus, abençoe Colmar Brunton' para:

Colmar Brunton, eu te abençoo em nome do Pai, do Filho e do Espírito Santo. Eu te abençoo em Auckland, e eu te abençoo em Wellington, e eu te abençoo em todas as regiões. Eu te abençoo

> *no trabalho e eu te abençoo em casa. Eu libero o Reino de Deus neste lugar. Venha Espírito Santo, Tu és bem-vindo aqui. Eu libero o amor, a alegria, a paz, a paciência, a benevolência, a bondade, a gentileza, a fidelidade, o autocontrole e a união. Em nome de Jesus, eu libero as ideias do Reino de Deus que possam ajudar os nossos clientes e fazer do mundo um lugar melhor. Eu libero o favor no mercado de clientes. Eu libero o favor no mercado de empregos. Eu abençoo a nossa visão: 'Negócio melhor, Mundo melhor'. Em nome de Jesus, amém.*

Senti-me guiado a fazer o sinal da cruz na nossa entrada e a requerer espiritualmente a proteção do sangue de Jesus sobre a nossa empresa.

A partir do momento que eu mudei de 'Deus, abençoe Colmar Brunton' para 'Eu abençoo Colmar Brunton em nome do Pai, do Filho e do Espírito Santo', a unção de Deus desceu sobre mim – eu estava sentindo o deleite e a afirmação de Deus. Era como se Ele estivesse falando: 'Você entendeu, filho; isto é o que eu quero que você faça.' Embora eu tenha feito isto centenas de vezes agora, eu sempre sinto o deleite de Deus nisso. E os resultados? A atmosfera no escritório mudou, e mudou rapidamente, ao ponto das pessoas falarem abertamente sobre isso, e se perguntarem porque as coisas estavam tão diferentes. Era incrível! Abençoar realmente pode mudar o nosso mundo.

Mas eu não parei aí. De manhã, enquanto o escritório estava ainda vazio, quando eu passava pela cadeira de alguém que necessitava de sabedoria para uma situação em particular, eu lhe abençoava, impondo as minhas mãos sobre a cadeira, crendo que a unção para alcançar a bênção passaria para o tecido da cadeira e então para a pessoa sentada nela (Atos 19:12). Sempre que eu sabia das necessidades específicas das pessoas, eu lhes abençoava desta maneira.

Eu lembro particularmente de uma pessoa que blasfemava com frequência – isto é, ele usava o nome de Deus como um palavrão. Uma manhã, eu impus minhas mãos sobre a cadeira dele, amarrando o espírito de blasfêmia, em nome de Jesus. Repeti isso muitas vezes, um dia o espírito mal teve que dobrar os joelhos para um poder maior e a blasfêmia desapareceu do vocabulário de trabalho daquele homem. Eu também lembro de um homem que veio a mim pedir oração, querendo que Deus tirasse ele do seu local de trabalho porque todos lá estavam blasfemando. Eu tive a visão contrária: este homem estava lá para abençoar o seu local de trabalho e mudar a atmosfera! Nós podemos mudar o nosso mundo.

Eu tenho a visão de que Deus deseja abençoar a humanidade, e ele deseja ainda mais que nós – Seu povo, Seus filhos – abençoemos a humanidade. Você tem autoridade espiritual. Abençoe!

Nosso Pai celestial quer a nossa participação, a nossa colaboração em Seu trabalho redentor. Nós podemos abençoar a humanidade com cura e libertação, mas nós também podemos abençoar a humanidade com as nossas palavras. Nós somos o povo que Deus usa para abençoar o mundo. Que privilégio e responsabilidade!

Então, para mim, abençoar é declarar os propósitos de Deus sobre a vida das pessoas ou situações com amor, olhos abertos, intencionalmente, com autoridade e poder, vindo do nosso espírito cheio do Espírito Santo. De um modo simples, abençoar é agir em fé, declarando a intenção de Deus para aquela pessoa ou situação. Quando declaramos a intenção de Deus, liberamos a Sua capacidade de mudar as coisas de onde elas estavam para onde Ele quer que elas estejam.

E lembre-se – nós somos abençoados porque nós abençoamos.

PARTE DOIS:
Como Fazer Isso

ALGUNS PRINCÍPIOS IMPORTANTES

Faça da boca limpa um estilo de vida

De uma mesma boca procede bênção e maldição. Meus irmãos, não convém que isto se faça assim. (Tiago 3:10)

Se você disser palavras de valor, e não indignas, será o meu porta-voz. (Jeremias 15:19b, NVI)

Se você quer declarar as intenções de Deus sobre as pessoas, então você precisa evitar falar palavras que são indignas – ou pior que indignas.

Pergunte ao Espírito Santo o que dizer

Suscita teu espírito (através da adoração ou falar em línguas). Peça ao Espírito Santo que permita a você sentir o amor do Pai pela pessoa que você quer abençoar. Ore algo parecido com isto:

> *Pai, o que você deseja que seja dito? Por favor, me dê uma palavra de bênção para esta pessoa. Como eu posso encorajá-la ou confortá-la?*

A bênção, distinta da intercessão
A maioria das pessoas pensa que é muito difícil aprender a declarar bênçãos. Invariavelmente, elas começam a 'interceder', pedindo ao Pai para abençoar. Embora esta seja uma boa coisa a se fazer, uma bênção falada desta maneira é, na verdade, uma oração, e é importante saber a diferença. Declarar ou proferir bênçãos não substitui a oração e a intercessão, mas lhes acompanham – elas deveriam regularmente andar juntas.

Os autores Roy Godwin e Dave Roberts no seu livro *The Grace Outpouring* colocam isto muito bem:

> *Quando abençoamos, olhamos a pessoa no olho (se esta é a situação) e falamos diretamente*

para ele ou ela. Por exemplo, dizemos algo como: 'Eu te abençoo em nome do Senhor, que a graça do Senhor Jesus repouse sobre ti. Eu te abençoo em Seu nome, que o amor do Pai te envolva e te encha; que tu saibas no fundo do teu ser que Ele te aceita plenamente e completamente e se regozija em ti.'

Perceba o pronome pessoal 'eu'. Sou eu que está proferindo a bênção em nome de Jesus sobre a pessoa diretamente. Eu não orei a Deus por uma bênção, mas declarei a bênção usando a autoridade que Jesus nos dá para proferir bênçãos sobre as pessoas para que Ele possa vir e abençoá-las.

Não julgue

Não julgue se alguém merece ou não uma bênção. A verdadeira bênção, proferida sobre alguém ou alguma coisa, descreve o modo como Deus os vê. O foco de Deus não é sobre como as coisas parecem no momento, mas como elas deveriam ser.

Por exemplo, Deus chamou a Gideão de *'varão valoroso'* (Juízes 6:12) quando, naquele momento, ele não era! Jesus chamou a Pedro de *'pedra'* (Mateus 16:18) antes que ele tivesse os 'ombros' para carregar as pendências de outras pessoas sobre ele. Adiante, lemos: *'Deus, o qual vivifica os mortos, e chama as coisas que não são como se já fossem'* (Romanos 4:17). Se nós entendermos isto, isto eliminará a nossa tendência de agir como um 'juiz', a respeito de alguém merecer uma bênção.

Quanto menos uma pessoa merece ser abençoada, mais ela precisa da bênção. Aqueles que abençoam pessoas não-merecedoras recebem uma bênção muito maior em retorno.

Um exemplo para ilustrar
Imagine que há um homem chamado Fred que tem problemas com bebida. A esposa de Fred não está feliz com ele, então, talvez ela ore algo assim: *'Deus, abençoe Fred. Faça ele parar de beber e me ouvir'*. Mas teria muito mais poder dizer algo assim:

Fred, eu te abençoo em nome de Jesus. Que os planos de Deus para a sua vida venham a se realizar. Que você se torne o homem, o marido e o pai que Deus planejou que você seja. Eu te abençoo com a liberdade do vício. Eu te abençoo com a paz de Cristo.

A primeira bênção delega o problema a Deus. Ela não demanda nenhum esforço – é preguiçosa. Também é crítica e hipócrita, e foca nos pecados de Fred.

A segunda bênção requer mais reflexão e mais amor. Não é crítica e foca potencial de Fred ao invés de seu estado presente. Recentemente, eu ouvi alguém dizer que Satanás sabe o nosso nome e potencial mas nos chama pelo nosso pecado, enquanto Deus sabe o nosso pecado mas nos chama pelo nosso nome real e potencial. A segunda bênção está mais em acordo com os planos e propósitos de Deus. Ela reflete o coração redentor de Deus. Lembre-se, Deus ama o Fred.

DIFERENTES SITUAÇÕES QUE PODEMOS ENCONTRAR

Eu sou um estudioso da bênção. Quando eu comecei, não sabia como abençoar e não encontrei muita coisa para me ajudar. Rapidamente comecei a perceber que há muitos tipos de situações diferentes, então quero lhe oferecer as sugestões a seguir. Você pode adaptá-las às necessidades de sua situação particular, e de acordo com o que você acredita que o Espírito Santo quer que você diga. Isto demanda prática, mas valerá a pena.

Abençoando aqueles que te insultam ou que te amaldiçoam
Muitos anos atrás, uma empregada que tinha acabado de pedir demissão veio a minha casa para um café e para se despedir. Suas crenças eram similares às da Nova Era – a 'deusa interior', e coisas do tipo. Durante a conversa, ela disse que as duas últimas

empresas em que ela trabalhou tinham quebrado logo após a sua saída. Eu não era cristão por muito tempo, mas mesmo assim eu reconheci que as suas palavras eram uma maldição prestes a ser lançada. Por uns segundos eu senti medo e, então, na minha mente, eu me recusei a aceitar isto. Mas eu não dei o passo seguinte de abençoá-la. Depois de pedir a ela por permissão para orar o que estava em meu coração, eu poderia ter dito algo assim:

Débora (nome fictício), eu amarro a influência da feitiçaria na sua vida. Eu te abençoo em nome de Jesus. Eu declaro a bondade de Deus sobre você. Que as intenções de Deus para a sua vida se realizem... Eu abençoo os seus dons, que eles abençoem seu futuro empregador e tragam a glória de Deus. Que você torne-se a mulher de Deus maravilhosa que Ele quer que você seja. Em nome de Jesus, amém.

Abençoando aqueles que te machucam ou que te rejeitam
Uma vez, orei por uma mulher que estava lutando

emocionalmente e financeiramente após seu marido tê-la deixado. Perguntei a ela se ela poderia perdoá-lo. Bem, foi difícil, mas ela o fez. Então perguntei se ela poderia abençoar ao seu marido. Ela ficou um pouco chocada, mas decidida a tentar. Ainda que seu marido não estava presente, eu a guiei através destas linhas:

> *Eu te abençoo meu marido. Que os planos de Deus para a sua vida e nosso casamento venham a frutificar. Que você torne-se o homem, o marido e o pai que Deus pretende que você seja. Que a graça e favor de Deus estejam com você. Em nome de Jesus, amém.*

Foi estranho no começo, mas ela captou o coração de Deus e a unção de Deus foi derramada. Nós dois choramos à medida que o Espírito Santo ministrava a ela e, eu creio, ao seu marido também. Os caminhos de Deus não são os nossos caminhos.

Abençoar nestes tipos de situações é tão corajoso – e até mesmo, majestoso – é aquilo que Cristo faria.

Diferentes Situações Que Podemos Encontrar | 47

Abençoar o não-merecedor está no coração de Deus – é a Sua especialidade, por assim dizer. Considere o ladrão que foi crucificado ao lado de Jesus, ou a mulher que foi flagrada em adultério. E você? E eu?

Abençoar não é do nosso 'mundo' e não se faz de maneira intuitiva – não é algo que pessoas em situações dolorosas sentem-se naturalmente inclinadas a fazer. Mas é o modo de Deus, e pode curar aquele que está abençoando tanto quanto aquele que está recebendo a bênção. Abençoar corta o jato tóxico de amargura, vingança, ressentimento e raiva, que pode fazer mal ao seu corpo e encurtar a sua vida.

Aqui está o email que recebi recentemente de Denis:

> *Cerca de três meses atrás, eu estava falando com o meu irmão no telefone. Não nos falamos muito, pois ele mora e trabalha em outra cidade.*
>
> *No final de nosso bate-papo amigável, eu perguntei a ele se ele me permitiria abençoar a situação que havia entre ele e sua esposa. Ele não reagiu bem. Ele foi muito rude e disse algu-*

mas coisas que me deixaram bem triste, e eu me perguntei se o nosso relacionamento estaria afetado permanentemente. Entretanto, nos dias e semanas que se seguiram, enquanto me ocupava com as coisas do dia-a-dia, usei os princípios do incrível poder da bênção para proferir o favor de Deus sobre a situação do meu irmão. Eu fazia isso duas a três vezes ao dia. Então, três meses depois, no dia antes do Natal, meu irmão me ligou como se nada tivesse acontecido. Eu fiquei impressionado com a sua atitude amigável e não havia nenhum ressentimento entre nós.

O incrível poder da benção sobre circunstâncias fora do nosso controle realmente funciona… O Senhor seja louvado!

Abençoando aqueles que tem te ofendido

Uma das coisas mais enfurecedoras para alguns de nós é quando as pessoas fazem coisas egoístas, imprudentes ou trapaceiras no trânsito. Acontece o tempo todo, palavras não-cristãs podem surgir na mente e sair das nossas bocas de repente. Quando isso acontece, estamos amaldiçoando a alguém que foi feito por Deus e a quem Deus ama. Deus poderia muito bem defender esta pessoa.

A próxima vez que isso acontecer, tente abençoar o outro motorista, em vez de falar palavras irritadas:

Eu abençoo aquele jovem que me fechou (cortou a minha frente no trânsito). Eu declaro o Seu amor sobre ele, Senhor. Eu libero a Sua bondade sobre ele e todas as Suas intenções para a vida dele. Eu abençoo aquele jovem e convoco seu potencial. Que ele chegue em casa em segurança e seja uma bênção para a sua família. Em nome de Jesus, amém.

Ou menos formalmente:

Pai, eu abençoo o motorista daquele carro, em nome de Jesus. Que o Seu amor o siga, o envolva e o prenda!

Um dos meus leitores fez uma observação interessante:

A coisa que eu percebi é que abençoar mudou a minha vida. Eu não consigo abençoar as pessoas que me irritaram, por exemplo, e então falar – ou até mesmo, pensar – coisas erradas sobre elas. Isto seria errado. Em vez disso, eu estou procurando por bons resultados vindos da benção... – Jillian

Uma vez, um amigo chamado John me convidou para orar por uma disputa familiar a respeito de uma herança. A disputa estava se arrastando e ficando cada vez mais desagradável. Eu sugeri ao invés de orar, abençoar aquela situação.

Nós abençoamos esta situação de disputa sobre esta herança em nome de Jesus. Vamos contra a divisão, a discórdia e a contenda e liberamos a justiça, a equidade e a reconciliação. Enquanto abençoamos esta situação, colocamos de lado os nossos próprios pensamentos e desejos e liberamos Deus para ativar Seus propósitos para a divisão da herança. Em nome de Jesus, amém.

Dentro de dois dias o assunto foi resolvido amigavelmente. Eu amo o que mais um dos meus leitores disse:

> *Eu fiquei surpreso com o rápido 'tempo de resposta' que tenho notado quando abençoo outros. É como se o Senhor estivesse pronto para alcançar com amor estas pessoas se nós liberarmos as orações de bênção sobre elas. – Pastor Darin Olson, Junction City, Igreja do Nazareno de Oregon*

A bênção pode realmente mudar o nosso mundo.

ABENÇOAR, EM VEZ DE AMALDIÇOAR, A NÓS MESMOS

Reconhecendo e quebrando maldições
Quão comum são estes pensamentos:'Sou feio, sou burro, sou desajeitado, sou lento, ninguém gosta de mim, Deus nunca me usaria, sou um pecador…'? Há tantas mentiras que Satanás nos faz acreditar.

Eu tenho uma amiga que faz isso o tempo todo, e isso me deixa triste. 'Oh, garota boba, Rose (nome fictício). Você estragou tudo de novo. Você não faz nada direito…'

Não repita ou aceite estas maldições! Em vez disso, abençoe a você mesmo.

Lembro-me de uma situação em particular de um grupo de oração. Eu discerni um espírito de desvalorização sobre uma senhora que veio pedir oração. Durante a oração, ela disse: 'sou burra'. Eu perguntei-

-lhe onde ela tinha ouvido isto. Ela disse que seus pais tinham dito isso para ela. Que triste... e quão comum.

Eu a guiei de acordo com estas linhas:

> *Em nome de Jesus, eu perdôo os meus pais. Eu perdôo a mim mesma. Eu quebro as palavras que meus pais e eu falamos sobre mim. Eu tenho a mente de Cristo. Eu sou inteligente.*

Sumariamente, expulsamos os espíritos de rejeição e desvalorização, e então a abençoei e declarei sobre ela que ela era uma princesa de Deus, que ela tinha valor para Ele, que Deus iria usá-la para abençoar outros, para trazer cura emocional e esperança aos outros. Eu a abençoei com ousadia.

Lentamente ela absorveu esta bênção. E começou a brilhar. Na semana seguinte, ela voltou a contar o quão bem isto fez a ela. Nós realmente podemos mudar o nosso mundo.

Qualquer um pode fazer isso. A Bíblia está cheia das

intenções de Deus para as pessoas e nós podemos declarar estas intenções sobre elas.

Eu gostaria de compartilhar outro exemplo. Recentemente, eu orei por uma senhora que estava com dor de estômago. Enquanto eu orava, o Espírito Santo caiu sobre ela e ela se retorcia enquanto os demônios a deixavam. Tudo ficou bem por alguns dias e, então, a dor voltou. 'Por que, Senhor?' ela perguntou. Ela sentiu o Espírito Santo a lembrando que algum tempo antes, enquanto ela estava num acampamento, alguém lhe disse para ter certeza de que o frango estava bem cozido ou as pessoas passariam mal. Ela respondeu que ela não queria ficar doente nos próximos dias (a duração da conferência), mas depois disso não se importava. Ela teve que quebrar o poder daquelas palavras descuidadas, e então, imediatamente, ela recuperou a sua cura.

Abençoando a boca

Eu abençoo a minha boca para proferir o que é

*precioso e não o que é indigno, e para ser como
a boca do Senhor. (Baseado em Jeremias 15:19)*

Muitos dos milagres de Jesus foram realizados apenas pelo falar. Por exemplo, *'Vai, o teu filho vive'* (João 4:50). Por isso eu abençoo a minha boca e guardo o que sai dela.

Uma vez, minha esposa e eu estávamos hospedados num hotel em Noumea. Podíamos ouvir um bebê chorando quase que incessantemente a noite toda. Depois de umas duas noites assim, minha esposa foi na sacada adjacente e perguntou a mãe o que estava errado. A mulher não sabia, mas disse que o médico tinha prescrito antibióticos ao bebê pela terceira vez e nada estava funcionando. Minha esposa perguntou se eu poderia orar pela criança e ela concordou, embora ceticamente. Então, com meu francês mediano, orei pelo bebê e falei com fé sobre a criança, que ela 'dormiria como um bebê'. E ela dormiu.

Abençoando a mente

Eu digo frequentemente,

> *Eu abençoo a minha mente; eu tenho a mente de Cristo. Portanto, eu penso os Seus pensamentos. Que a minha mente seja um lugar santo onde o Espírito Santo tem prazer em morar. Que ela receba palavras de conhecimento, sabedoria e revelação.*

De tempo em tempo, eu luto com a pureza dos meus pensamentos, e eu acho que isso ajuda. Eu também abençoo a minha imaginação, que ela seja usada para o bem e não para o mal. Eu estava tendo dificuldade com a minha imaginação um outro dia – ela estava perambulando por todos os tipos de lugares que eu não queria que ela fosse – e Deus me explicou: *'Veja na sua imaginação Jesus fazendo Seus milagres… então, veja você mesmo os fazendo.'* Eu acho que é muito mais efetivo pensar sobre algo bom (Filipenses 4:8) do que pensar sobre não pensar em alguma coisa! E abençoar sua própria mente e imaginação ajuda muito em alcançar a meta da santidade.

Certa vez, quando eu estava me sentindo mal por causa de uma falha em minha vida pensativa, as palavras de um hino antigo brotaram no meu coração:

Sê minha visão, ó Senhor do meu coração
Nada mais importa a mim, exceto que Tu és
Tu és o meu melhor pensamento de dia ou de noite
Acordando ou dormindo, Tua presença é a minha luz.

Abençoando os nossos corpos

Você conhece o versículo: *'O coração alegre serve como bom remédio'* (Provérbios 17:22)? A Bíblia está dizendo que os nossos corpos respondem a palavras e pensamentos positivos:

Eu abençoo o meu corpo. Hoje, eu quebro a enfermidade que está sobre mim. Eu abençoo o meu bem-estar físico.

Uma vez eu assisti um vídeo sobre um homem que tinha um sério problema de coração. Sua ponte de safena estava bloqueada. Ele abençoou as suas artérias por cerca de três meses, declarando que elas foram feitas de modo especial e maravilhoso. No retorno ao médico, descobriu-se que, miraculosamente, ele tinha uma ponte de safena nova!

Pensei em tentar isso com minha pele. Eu tinha um problema com dano solar que sofri na minha juventude. Agora, mais velho, pequenas alterações apareciam na pele dos meus ombros e costas, precisando ser congeladas a cada poucos meses. Eu decidi abençoar a minha pele. No começo, eu apenas a abençoei em nome de Jesus. Mas, então, eu li algo sobre a natureza da pele que mudou a minha perspectiva. Eu percebi que embora eu fosse coberto por pele, eu não sabia muito sobre o maior órgão em meu corpo. Eu tinha falado sobre ela, mas nunca havia falado com ela. E eu duvido que tenha dito algo bom sobre ela – ao invés, eu reclamei. Eu fui ingrato.

Mas a pele é incrível. É um sistema de ar-condicionado e limpeza. Ela protege o corpo de germes invasores e cura a si mesma. Ela cobre e protege todas as nossas partes internas e faz isso muito bem.

Deus, obrigado pela pele – com rugas e tudo. Eu te abençoo, pele.

Depois de muitos meses deste tipo de bênção, minha pele já está quase curada, mas a chave foi quando eu comecei a apreciar e ser grato por ela. Ela foi feita de modo especial e maravilhoso. Certamente, uma lição. Reclamar repele o Reino de Deus; gratidão o atrai.

Aqui está o testemunho de meu amigo, David Goodman:

> *Alguns meses atrás eu ouvi Richard pregar sobre o assunto da bênção – um assunto um pouco inócuo, mas que fazia sentido no ângulo em que foi exposto. A conclusão foi de que a bênção não precisa ser algo que pedimos a Deus, mas que nós, como cristãos, temos autoridade, como também responsabilidade, para levá-la a este mundo caído, como embaixadores de Cristo, e impactar as vidas de outros indivíduos para o Reino de Deus. Podemos sair e abençoar vidas, e revelar Cristo a elas ao mesmo tempo.*

A ideia é boa quando consideramos outros, mas foi como derrubar um muro para mim quando tive que considerar abençoar a mim mesmo. Eu não conseguia me livrar do conceito de que eu não era digno, que eu estava sendo egoísta, que eu não estava valorizando a Deus. Minhas ideias mudaram quando eu vi que nós, como cristãos, somos uma nova criatura, nascidos de novo e criados para o propósito que Deus nos planejou. Sendo assim, o corpo que temos agora deve ser valorizado e cuidado – nós somos, além de tudo, o templo onde o Espírito Santo habita.

Dito isto, iniciei uma curta experiência – todo dia eu acordaria, abençoaria uma parte do meu corpo, o agradeceria pelo seu funcionamento; louvaria a Deus pelo bom trabalho. Eu elogiaria meus dedos pela sua destreza, pelas suas habilidades em fazer todas as tarefas requeridas deles e mais. Eu elogiaria e agradeceria minhas pernas pelo trabalho incansável de transporte e velocidade, pela habilidade de trabalhar em conjunto. Eu elogiaria meu corpo por todas as suas partes trabalharem bem juntas. Uma coisa curiosa surgiu disto.

Porque eu me sentia tão melhor fisicamente e mentalmente, eu voltei meus pensamentos para aquela dor que eu havia tido há alguns meses em meu braço – uma dor que parecia estar no osso e que necessitava ser massageada regularmente para, pelo menos parcialmente, aliviar o constante latejamento. Eu focalizei naquela área, louvando pelas habilidades de cura do meu corpo, pela sua tenacidade em superar aquelas coisas pelas quais é desafiado, pelo apoio que partes do corpo dão a outras que precisam de reparo. Cerca de duas semanas depois, quando acordei percebi que eu não sentia mais dor no meu braço; e que aquela dor tinha desaparecido inteiramente e não voltou.

Percebi que há um tempo e lugar para o dom da cura ser exercitado através da fé para o benefício de outros, quanto também há um lugar aberto para nós, como indivíduos, usarmos o dom de cura sobre nós mesmos. É uma lição em humildade, que nós podemos confiar naquilo que Deus deu aos nossos corpos, para que possamos seguir adiante em confiança num novo modo de vida.

Abençoando o seu lar, casamento e crianças

Sua casa – benção típica da casa
É uma boa ideia abençoar a sua casa e renovar esta bênção, no mínimo, uma vez por ano. Abençoar o lugar que você vive envolve usar, simplesmente, a sua autoridade espiritual em Cristo Jesus para dedicar e consagrar aquele lugar ao Senhor. É convidar o Espírito Santo a entrar, e obrigar tudo o que não é de Deus a sair.

Um lar não é somente tijolos e concreto – ele tem personalidade também. Da mesma forma que agora você tem acesso legal a sua casa, alguém tinha acesso legal a ela, ou sua propriedade, antes de você. Coisas podem ter acontecido naquele lugar que trouxeram bênção ou maldição. Não importa o que aconteceu, é *sua* autoridade que determina como a atmosfera espiritual será de agora em diante. Se existe atividade demoníaca acontecendo de posses passadas, provavelmente você a sentirá – e é você quem decide se expulsará estas forças.

Certamente, você tem que considerar quais forças demoníacas você pode estar involuntariamente dando acesso ao seu lar. Você tem pinturas, artefatos, livros, música ou DVDs mundanos? Que programas de TV você permite em casa? Há pecado em seu lar?

Aqui está uma bênção simples que você pode fazer enquanto caminha pela casa, cômodo por cômodo:

Eu abençoo esta casa, o nosso lar. Eu declaro que esta casa pertence a Deus, eu a consagro a Deus e a coloco sob a autoridade de Jesus Cristo. É uma casa de bênção.

Eu quebro toda a maldição nesta casa pelo sangue de Jesus. Eu tomo a autoridade sobre todo e qualquer demônio em nome de Jesus e ordeno que eles saiam agora e nunca retornem. Eu expulso todo espírito de contenda, divisão e discórdia. Eu expulso o espírito de pobreza.

Venha, Espírito Santo, e expulse tudo o que não é de Ti. Encha esta casa com a Sua presença. Que Seus frutos venham: amor, gozo, paz, longanimidade, benignidade, bondade, fé, mansidão e temperança. Eu abençoo esta casa com paz e amor abundantes. Que todos que venham aqui sintam a Sua presença e sejam abençoados. Em nome de Jesus, amém.

Eu tenho caminhado em torno das divisas da minha propriedade, a abençoando e aplicando espiritualmente o sangue de Jesus Cristo para a proteção dela, e das pessoas dentro dela, de todo o mal e desastres naturais.

Seu casamento

Nós temos o tipo de casamento em que nós abençoamos ou o tipo de casamento em que nós amaldiçoamos.

Quando li esta afirmação pela primeira vez no livro *The Power of Blessing* de Kerry Kirkwood eu fiquei um pouco chocado. Isto é verdade?

Pensei muito sobre isso, e eu acredito que estas palavras são amplamente verdadeiras – qualquer insatisfação com o nosso casamento ou com os nossos filhos é devido a nós não abençoá-los! Através da bênção, nós recebemos a bondade Deus dirigida a nós por completo – incluindo vida longa e relacionamentos saudáveis. Nos tornamos participantes, ou parceiros, com o que ou quem estamos abençoando.

Tenha cuidado com as maldições. Maridos e mulheres conhecem um ao outro muito bem. Conhecemos todos os pontos sensíveis. Você diz coisas como estas? 'Você nunca escuta', 'Sua memória é terrível', 'Você não sabe cozinhar', 'Você não é bom em...' Se ditas frequentemente, estes tipos de palavras tornam-se maldições e verdadeiras.

Não amaldiçoe, abençoe. Lembre-se, se você amaldiçoa (fala palavras de morte) você não herdará a bênção que Deus quer para você. Pior que isso, amaldiçoar afeta mais a nós mesmos que aquele que nós estamos amaldiçoando. Poderia ser esta uma razão pela qual orações não estão sendo respondidas?

Aprender a abençoar pode parecer com aprender um novo idioma – estranho no começo. Por exemplo,

> *Nicole, eu te abençoo em nome do Pai, do Filho e do Espírito Santo. Eu libero toda a bondade de Deus sobre você. Que as intenções de Deus para a sua vida venham a se realizar.*

> *Eu abençoo o seu dom de encontrar e amar as pessoas, seu dom de hospitalidade. Eu abençoo o seu dom de fazer as pessoas se sentirem à vontade. Eu declaro que você é uma anfitriã de Deus, pois você recebe as pessoas como Ele receberia. Eu te abençoo com energia para continuar fazendo isto, mesmo nos últimos dias. Eu te abençoo com saúde e uma vida longa. Eu te abençoo com o óleo da alegria.*

Suas crianças

Há muitas maneiras de abençoar uma criança. É assim que eu abençoo minha neta, de quatro anos de idade:

> *Ashley, eu abençoo a sua vida. Que você torne-se uma mulher de Deus maravilhosa. Eu abençoo a sua mente para que ela se mantenha sã e para que você tenha sabedoria e discernimento em todas as decisões. Eu abençoo o seu corpo para que se mantenha puro até o casamento e para que seja forte e saudável. Eu abençoo suas mãos e pés para fazer o trabalho que Deus planejou para você fazer. Eu abençoo a sua boca. Que você fale palavras de verdade e encorajamento. Eu abençoo o seu coração para que seja verdadeiro com o Senhor. Eu abençoo as vidas do seu futuro marido e dos seus futuros filhos com riqueza e unidade. Eu amo tudo em você, Ashley, e estou orgulhoso por ser o seu avô.*

Certamente, quando uma criança estiver com dificuldades em alguma área nós podemos abençoá-la apropriadamente. Se o aprendizado está difícil na escola, podemos abençoar as suas mentes para lembrar as lições e entender os conceitos envolvidos naquele ensinamento; se elas estão passando por *bullying*, podemos abençoá-las para crescer em sabedoria, estatura e em favor com Deus e outras crianças; e assim por diante.

Eu me lembro de conversar com uma mulher de Deus maravilhosa sobre o seu neto. Tudo o que ela disse sobre ele focalizava nos seus defeitos, na sua atitude rebelde e nos problemas de comportamento que ele estava tendo na escola. Ele tinha sido enviado a um acampamento para ajudá-lo a melhorar suas atitudes, e tinha sido mandado para casa porque ele era muito indisciplinado.

Depois de escutar por um tempo, eu falei aquela mulher que, inadvertidamente, ela estava amaldiçoando o seu neto através do modo que ela falava sobre ele, e que ela estava o aprisionando com suas palavras. Então ela parou de falar negativamente, e em vez disso, passou a abençoá-lo intencionalmente. Seu marido, o avô do menino, fez o mesmo. Dentro de alguns dias, o menino tinha mudado completamente, retornando ao acampamento e desenvolvendo-se. Pense numa resposta rápida ao incrível poder da benção!

Uma das coisas mais maravilhosas que um pai pode dar aos seus filhos é a bênção de pai. Eu aprendi sobre isto no livro *The Father's Blessing* de Frank Hammond, que é um livro maravilhoso. Sem a bênção do pai, sempre há um sensação de que algo está faltando – é criado um vazio que nada mais pode preencher. Pais, imponham as mãos sobre os seus filhos, e outros membros da família, (por exemplo, coloque suas mãos sobre as suas cabeças ou ombros) e abençoe--os frequentemente. Descubra as coisas boas que Deus fará por ambos, você e eles.

Em qualquer lugar que eu compartilho esta mensagem, eu pergunto aos homens e mulheres adultos: 'Quantas pessoas aqui que os pais já impuseram as mãos sobre vocês e os abençoaram?' Poucas pessoas levantam as suas mãos. Então, eu inverto a pergunta:

'Quantas pessoas aqui que os pais nunca impuseram as mãos sobre vocês e os abençoaram?' Quase todos levantam as suas mãos.

Então, eu pergunto se eles me permitiriam ser o seu pai espiritual naquele momento – um substituto – para que eu possa, pelo poder do Espírito Santo, abençoá-los com a bênção que eles nunca tiveram. A resposta tem sido esmagadora: lágrimas, libertação, alegria, cura. Simplesmente incrível!

Se você anseia por uma bênção paterna, como eu ansiava, então diga as palavras seguintes em voz alta para você mesmo. É uma bênção que adaptei do livro de Frank Hammond.

A bênção do pai

Meu filho, eu te amo! Você é especial. Você é um presente de Deus. Eu agradeço a Deus por me permitir ser o seu pai. Eu me orgulho de você e me alegro com você. E agora, eu te abençoo.

Eu te abençoo com a cura de todas as feridas do coração – feridas de rejeição, abandono e abuso que você tenha sofrido. Em nome de Jesus, eu quebro o poder de todas as palavras cruéis e injustas faladas sobre você.

Eu te abençoo com paz transbordante, a paz que somente o Príncipe da Paz pode dar.

Eu abençoo a sua vida com fertilidade: que tenha bons frutos, frutos abundantes e frutos que perdurem.

Eu te abençoo com sucesso. Você é a cabeça e não a cauda; você está acima e não abaixo.

Eu abençoo os dons que Deus te deu. Eu te abençoo com sabedoria para tomar as decisões certas e para desenvolver todo o seu potencial em Cristo.

Eu te abençoo com prosperidade abundante, possibilitando que você seja uma bênção para outros.

Eu te abençoo com influência espiritual, pois você é a luz do mundo e o sal da terra.

Eu te abençoo com a profundidade de entendimento espiritual e uma caminhada próxima ao Teu Senhor. Você não tropeçará ou vacilará, pois a Palavra de Deus será lâmpada para os seus pés e luz para o seu caminho.

Eu te abençoo para ver as mulheres/os homens como Jesus viu e vê.

Eu te abençoo para ver, extrair e celebrar o ouro nas pessoas, não a sujeira.

Eu te abençoo para liberar Deus no local de trabalho – não apenas para testificar, ou ser um modelo de bom caráter, mas também para glorificar a Deus com a excelência e a criatividade do seu trabalho.

Eu te abençoo com bons amigos. Você tem favor com Deus e o homem.

Eu te abençoo com amor abundante e transbordante, com o qual você ministrará a graça de Deus aos outros. Você ministrará a graça reconfortante de Deus aos outros. Você é abençoado com todas as bênçãos espirituais em Cristo Jesus. Amém!

Testemunhos do valor da bênção de pai

Eu mudei através da bênção de pai. Desde que eu nasci, eu nunca tinha ouvido tal mensagem pregada. Eu nunca tive um pai biológico para falar na minha vida até agora. Deus usou você, Richard, para me levar a um ponto onde eu precisava orar e ter um pai espiritual declarando uma benção paterna sobre a minha vida. Quando você liberou a bênção de pai para filho, meu coração foi confortado e, agora, eu sou feliz e abençoado. – Pastor Wycliffe Alumasa, Quênia

Navegar pela depressão foi uma jornada longa e difícil; uma batalha travada em muitas frentes – mente, espírito e corpo. Curar meu passado acabou sendo a chave, e nada foi mais signifi-

cante que perdoar meu pai – não apenas pelas coisas dolorosas que ele fez no passado, mas muito mais pelas coisas que ele não fez – sua omissão. Meu pai nunca disse que me amava. Ele tinha um bloqueio emocional. Ele não encontrava palavras afetuosas, carinhosas e emotivas para falar – apesar do desejo em minha alma para ouvi-las.

Durante a jornada de perdão e cura interior minha depressão desapareceu, eu ainda tinha sintomas físicos – o maior sendo a síndrome do intestino irritável. Foram prescritos medicamentos e uma dieta pelo meu médico, com pouco efeito, para controlar os sintomas, não provendo uma solução.

Um amigo meu, Richard, tinha me contado histórias sobre a bênção de pai, e quais reações as pessoas tinham. Algo em meu espírito se agarrou aquela ideia. Eu me tornei ciente do fato de que apesar de ter perdoado o meu pai pelo vazio que ele deixou, eu, na verdade, não havia preenchido o vazio ou satisfeito os desejos da minha alma.

E, então, aconteceu. Uma manhã num café, Richard calçou os sapatos que meu pai não podia calçar e me abençoou como filho. O Espírito Santo se derramou sobre mim e permaneceu comigo aquele dia inteiro. Foi uma bela experiência e aquela parte da minha alma que estava clamando ficou em paz.

Entretanto, uma consequência inesperada foi que meus sintomas da síndrome do intestino irritável desapareceram completamente. Joguei fora meus medicamentos e a dieta do médico. Quando a minha alma recebeu aquilo que ela ansiava, meu corpo foi curado também. – Ryan

Abençoando outros pela liberação do profético

Embora eu tenha dado exemplos para ajudá-lo a começar, é bom pedir ao Espírito Santo para ajudá-lo a ser como a boca de Deus, declarando e liberando as intenções específicas de Deus ou uma 'palavra da estação' (a palavra certa na hora certa). Se a situação permitir, ative o seu espírito com oração em línguas ou adoração.

Você pode começar usando os vários modelos anteriores, mas confie que o Espírito Santo vai direcioná-lo. Escute as batidas do Seu coração. Você pode começar hesitante, mas logo irá entender o coração do Senhor.

Abençoando o seu local de trabalho

Volte a parte 1 e adapte o exemplo que eu dei, da minha própria experiência, as suas circunstâncias. Esteja aberto para o que Deus lhe mostrar – Ele pode ajustar a sua perspectiva. Abençoar não é um tipo de encanto mágico. Por exemplo, Deus não fará as pessoas comprarem o que elas não precisam ou não querem. Nem abençoará a preguiça e a desonestidade. Mas se você preencher os Seus requisitos, então você poderá abençoar o seu negócio – que Deus o ajudará a levá-lo de onde ele está agora para onde Ele quer que o seu negócio esteja. Ouça o Seu conselho ou o conselho das pessoas que Ele envie até você. Esteja aberto. Mas também espere pelo Seu favor, porque Ele te ama e quer que você seja bem-sucedido.

Eu recebi o seguinte testemunho de Ben Fox:

Meu trabalho específico no setor imobiliário passou por mudanças nos últimos anos e houve uma desaceleração significativa em meu negócio. Procurei por várias pessoas para orar pelo meu emprego, porque meu volume de trabalho estava declinando ao ponto de me deixar preocupado e ansioso.

Ao mesmo tempo, no início de 2015, eu ouvi o Sr. Brunton pregar uma série de mensagens sobre abençoar o trabalho, o negócio, a família e outras áreas. Até aquela hora, o foco das minha orações eram pedir a Deus para me ajudar nestas áreas. A ideia de nós mesmos abençoarmos não tinha sido ensinada a mim, mas agora eu posso ver que está escrita por toda a Bíblia, e eu sei que Deus nos chama, e tem nos dado autoridade para fazê-lo em nome de Jesus. Então, eu comecei a abençoar o meu trabalho – a proferir a palavra de Deus sobre ele e a agradecer a Deus por ele. Eu persisti em abençoar o meu trabalho cada manhã e também a agradecer a Deus pelo meu negócio, pedindo a Ele para enviar clientes a quem eu poderia ajudar.

Durante os próximos doze meses, meu volume de trabalho aumentou significativamente e, desde então, as vezes eu tenho estado sob pressão para gerenciar a quantidade de coisas a fazer que 'aparecem' no meu caminho. Eu aprendi que há um meio de incluir Deus nas nossas atividades cotidianas, e abençoar o nosso trabalho é parte do que Deus nos chamou para fazer. Portanto, dou todo o crédito a Deus. Eu também comecei a convidar o Espírito Santo para o meu dia de trabalho, pedindo por sabedoria e ideias criativas. Em particular, eu notei que quando eu peço ajuda ao Espírito Santo com a eficiência do meu trabalho, eu termino ele bem antes do tempo esperado.

Parece-me que o ensinamento da bênção, e como fazer isto, foi esquecido por muitas igrejas, pois muitos cristãos com quem eu converso não estão cientes dele. Abençoar meu trabalho agora tornou-se um hábito diário, bem como abençoar aos outros. Eu também fico ansioso para ver o fruto nas pessoas e nas coisas que eu abençoo, quando em acordo com a Palavra de Deus e em nome de Jesus.

Abençoando uma comunidade

Eu penso aqui em uma igreja – ou organização similar – abençoando a comunidade em que ela opera.

Povo de .... (comunidade), nós te abençoamos em nome de Jesus para conhecer a Deus, para conhecer os Seus propósitos para as suas vidas, e para conhecer as Suas bênçãos para cada um de vocês, suas famílias e todas as situações de suas vidas.

Abençoamos cada lar em .... (comunidade). Abençoamos cada casamento e abençoamos cada relacionamento entre membros da família de diferentes gerações.

Abençoamos sua saúde e sua riqueza.

Abençoamos o trabalho de suas mãos. Abençoamos cada empresa íntegra em que estão envolvidos. Que elas prosperem.

Abençoamos os alunos das suas escolas; abençoamos a eles para que aprendam e entendam o que lhes é ensinado. Que eles cresçam em sabedoria, em estatura e em favor perante Deus e os homens. Abençoamos os professores e oramos para que as escolas sejam um lugar seguro e saudável, onde a crença em Deus e em Jesus possam ser confortavelmente ensinadas.

Nós falamos aos corações de todas as pessoas que estão nesta comunidade. Nós as abençoamos para serem abertas a persuasão do Espírito Santo e tornem-se mais e mais responsivas a voz de Deus. Nós as abençoamos com o transbordar do Reino do Céu que nós experimentamos aqui em .... (igreja).

Obviamente, este tipo particular de bênção deve ser customizado para cada tipo particular de comunidade. Se é uma comunidade rural, você pode abençoar a terra e os animais; se é uma comunidade onde o desemprego é comum, então abençoe as empresas locais para gerar empregos. Abençoe de acordo com a necessidade. Não se preocupe se eles merecem a bênção ou não! As pessoas sentirão em seus corações de onde a bênção está vindo.

Abençoando a terra
Em Gênesis, vemos Deus abençoando a humanidade, dando a ela o domínio sobre a terra e sobre todos os seres viventes, e ordenou-a que fosse fecunda e que se multiplicasse. Esta era uma característica da glória original da humanidade.

Quando eu estava no Quênia, recentemente, eu encontrei um missionário que recolhia crianças de rua e as ensinava sobre agricultura. Ele me contou a história de uma comunidade muçulmana que afirmava que a sua terra era amaldiçoada, pois nada crescia nela. Meu amigo missionário e sua comunidade cristã abençoaram a terra e ela tornou-se fértil. Esta foi uma demonstração dramática do poder de Deus liberado pela bênção.

Ainda no Quênia, eu andava por todo o orfanato que nossa igreja mantinha, abençoando o seu pomar, o seu jardim, as suas galinhas e as suas vacas. (Eu tenho abençoado minhas próprias árvores frutíferas com ótimos resultados.)

Geoff Wiklund conta a história de uma igreja nas Filipinas que abençoou uma parte da terra da igreja no meio de uma seca severa. A terra da igreja era o único lugar em que chovia. Os fazendeiros vizinhos vinham pegar água para o seu arroz das valas que cercavam o perímetro da terra da igreja. Este é outro milagre marcante em que o favor de Deus foi liberado através da bênção.

Bendizendo ao Senhor
Embora eu tenha deixado este tópico por último, ele deveria ser o primeiro. A razão pela qual eu o coloquei por último, entretanto, é porque isto parece não se encaixar no modelo 'declarar as intenções ou favor de Deus sobre alguém ou alguma coisa'. Em vez disso, é a ideia de 'fazer feliz'.

Como bendizemos ao Senhor? Uma maneira de fazer isto está demonstrada no Salmo 103:

Bendize, ó minha alma, ao Senhor... e não te esqueças de nenhum de seus benefícios...

Quais são os benefícios do Senhor em favor das nossas almas? Ele perdoa, cura, redime, coroa, satisfaz, renova...

Eu criei o hábito de lembrar-me de agradecer a Deus cada dia pelo que Ele faz em mim e através de mim. Eu me lembro e aprecio tudo o que Ele é para mim. Isto bendiz a Ele, e abençoa a mim também! Como você se sente quando uma criança te agradece ou te aprecia por alguma coisa que você fez ou disse? Isto aquece o seu coração e faz com que você queira fazer mais por ela.

Uma palavra final de um leitor

É difícil explicar como abençoar transformou a minha vida. Em minha breve experiência, ninguém rejeitou uma bênção quando ofereci uma – até mesmo tive a chance de abençoar um homem muçulmano. Oferecer-se para orar uma bênção sobre a vida de uma pessoa abre uma porta... é uma coisa tão simples, um meio inofensivo de trazer o Reino de Deus para uma situação, para a vida de uma pessoa. Para mim, poder orar uma bênção adicionou uma ferramenta especial para o meu kit de ferramentas espirituais... é como uma parte da minha vida estivesse faltando e agora foi colocada no lugar... – Sandi

APLICAÇÕES

- Pense em alguém que te machucou – perdoe, se necessário, então vá além, e lhe abençoe.

- Considere as coisas que você diz regularmente, em que você amaldiçoa aos outros ou a você mesmo. O que você fará sobre isso?

- Escreva uma bênção para você, sua esposa/seu esposo, e seus filhos.

- Encontre outra pessoa e esteja aberto para profetizar sobre ela. Peça a Deus pela revelação de algo específico e encorajador para aquela pessoa. Comece falando em termos gerais, por exemplo: 'Eu te abençoo em nome de Jesus. Que os planos e os propósitos de Deus para a sua vida venham a se realizar…' e espere, seja paciente. Lembre-se que você tem a mente de Cristo.

Então troquem de lugar, e deixe que a outra pessoa te abençoe profeticamente.

- Na sua igreja, faça uma bênção coletiva para alcançar e curar a sua região, ou abençoe a missão que você já tem.

COMO TORNAR-SE
UM CRISTÃO

Este pequeno livro foi escrito para cristãos. Por 'cristãos', eu não quero dizer apenas pessoas que são boas. Eu quero dizer pessoas que são 'nascidas de novo' pelo Espírito de Deus e que amam e seguem a Jesus Cristo.

As pessoas são feitas de três partes: espírito, alma e corpo. A parte do espírito foi planejada para conhecer e ter comunhão com um Deus santo, que é espírito. Os humanos foram feitos para ter intimidade com Deus, espírito para Espírito. Entretanto, o pecado humano nos separa de Deus, resultando na morte do nosso espírito e perda da comunhão com Deus.

Consequentemente, as pessoas tendem a agir apenas com suas almas e corpos. A alma compreende o intelecto, a vontade e as emoções. O resultado disso é aparente no mundo: egoísmo, orgulho, ganância, fome, guerras e falta da verdadeira paz e sentido.

Mas Deus tinha uma plano para redimir a humanidade. Deus o Pai enviou o Seu Filho, Jesus, que também é Deus, para vir a terra como um homem para mostrar-nos como Deus é – *'Quem me vê a mim vê o Pai'* – e para tomar sobre Ele mesmo as consequências do nosso pecado. Sua morte terrível na cruz foi planejada desde o começo e foi prevista em detalhes no Antigo Testamento. Ele pagou o preço pelo pecado da humanidade. A justiça Divina foi satisfeita.

Mas, então, Deus ressuscitou Jesus dos mortos. Jesus prometeu que aqueles que crêem nEle também ressuscitarão dos mortos para passar a eternidade com Ele. Ele nos dá o Seu Espírito agora, como uma garantia, para que nós o conheçamos e caminhemos com Ele pelo resto de nossas vidas na terra.

Esta é a essência do Evangelho de Jesus Cristo. Se você reconhecer e confessar o seu pecado, se você acreditar que Jesus levou sobre Si a sua punição na cruz e que Ele ressuscitou dos mortos, Sua justiça será imputada a você. Deus enviará Seu Espírito Santo para regenerar o seu espírito humano – isso é o que significa 'nascer de novo' – e você poderá começar a conhecer e ter comunhão com Deus intimamente – que, desde o início, é a razão pela qual Ele te criou! Quando o seu corpo físico morrer, Cristo te ressuscitará e te dará um corpo glorioso e incorruptível. Uau! Enquanto você continuar nesta terra, o Espírito Santo (que também é Deus) trabalhará em você (para limpá-lo e fazê-lo mais parecido com Jesus em caráter) e através de você (para ser uma bênção para os outros).

Aqueles que escolherem não receber o que Jesus fez irão para o julgamento com todas as suas consequências. Você não quer isso.

Aqui está uma oração que você pode fazer. Se você orar sinceramente, você irá nascer de novo.

> *Querido Deus no céu, venho a Ti em nome de Jesus. Eu reconheço diante de Ti que sou um pecador. (Confesse todos os seus pecados conhecidos.) Eu estou verdadeiramente arre-*

pendido pelos meus pecados e pela vida que eu tenho vivido sem Ti e preciso do Seu perdão.

Eu creio que Seu único Filho, Jesus Cristo, derramou Seu precioso sangue na cruz e morreu pelos meus pecados e, agora, eu estou disposto a abandonar o meu pecado.

Você disse na Bíblia (Romanos 10:9) que se nós confessarmos que Jesus é o Senhor e crermos em nossos corações que Deus ressuscitou Jesus dos mortos, seremos salvos.

Agora, eu confesso que Jesus é o Senhor da minha alma. Eu creio que Deus ressuscitou Jesus dos mortos. Neste exato momento, eu aceito Jesus Cristo como meu Salvador pessoal e, de acordo com Sua Palavra, agora eu sou salvo. Obrigado, Senhor, por tanto me amar a ponto de morrer em meu lugar. Tu és maravilhoso, Jesus, e eu te amo.

Eu peço que me ajude, através do Seu Espírito, a ser a pessoa que Tu planejastes para mim desde antes do começo dos tempos. Guia-me a amigos cristãos e a igreja de Sua escolha para que eu possa crescer em Ti. Em nome de Jesus, amém.

Obrigado por ler este pequeno livro.
Eu adoraria receber testemunhos de como abençoar transformou a sua vida, ou as vidas daqueles que você abençoou.
Por favor, entre em contato comigo pelo email:

richard.brunton134@gmail.com

www.ingramcontent.com/pod-product-compliance
Lightning Source LLC
Chambersburg PA
CBHW051408290426
44108CB00015B/2202